Bríd Ní Shéaghdha

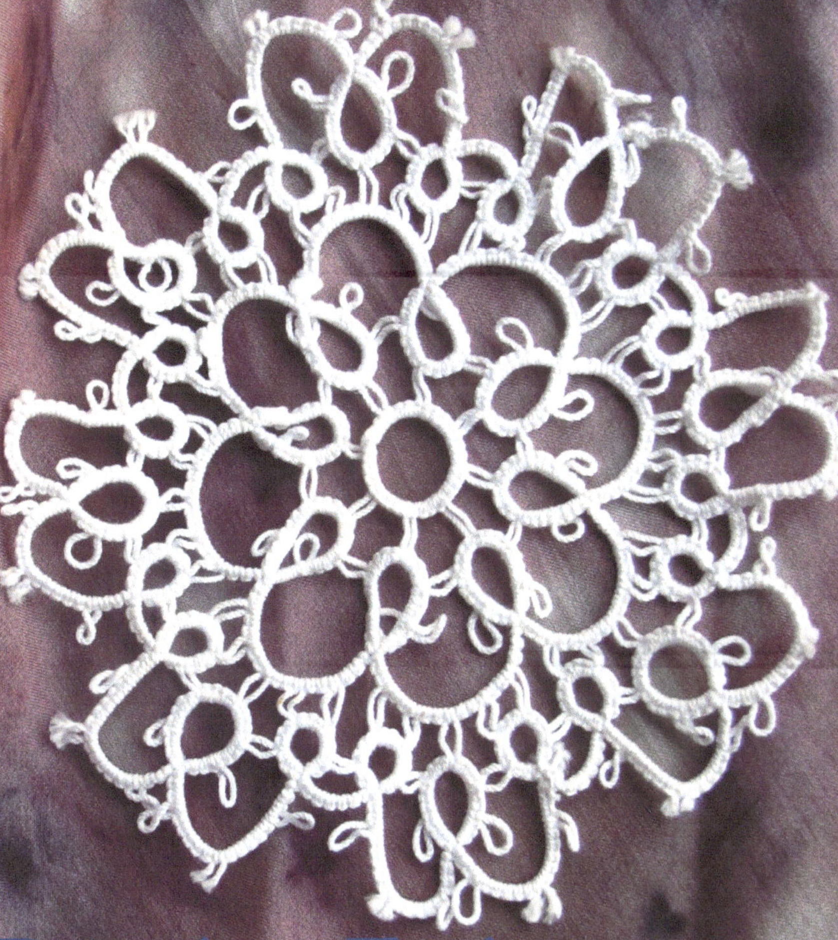

Bealaí Ealaíonta

Bealaí Ealaíonta
(Artful Paths)

Text by
Bríd Ní Shéaghdha
as told to
Úna Ní Shé

Photographs by
Úna Ní Shé

Design by
Kristi Collins and Úna Ní Shé

Layout by
Kristi Collins

Artwork by
Bríd Ní Shéaghdha

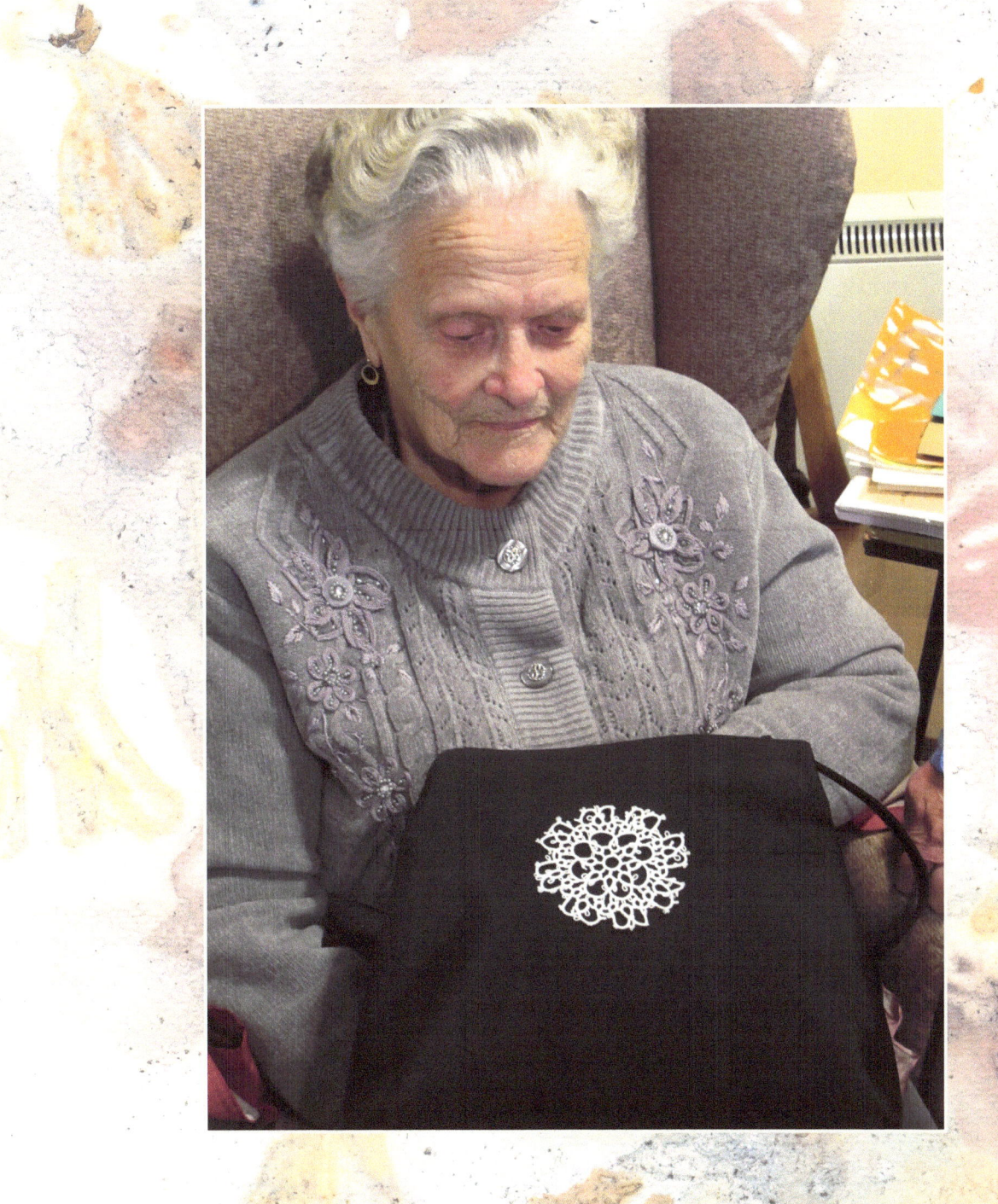

Do rugadh ansa mise in Com Dhíneol sa bhlian 1925.
Bhí ocht duine deag sa chlann againn.

Bhí an áit chomh deas, chomh h-aoibhinn -
an fharraige agus an Blascaod Mór uainn amach
agus na h-ainmhithe agus gach rud mar sin is dócha.

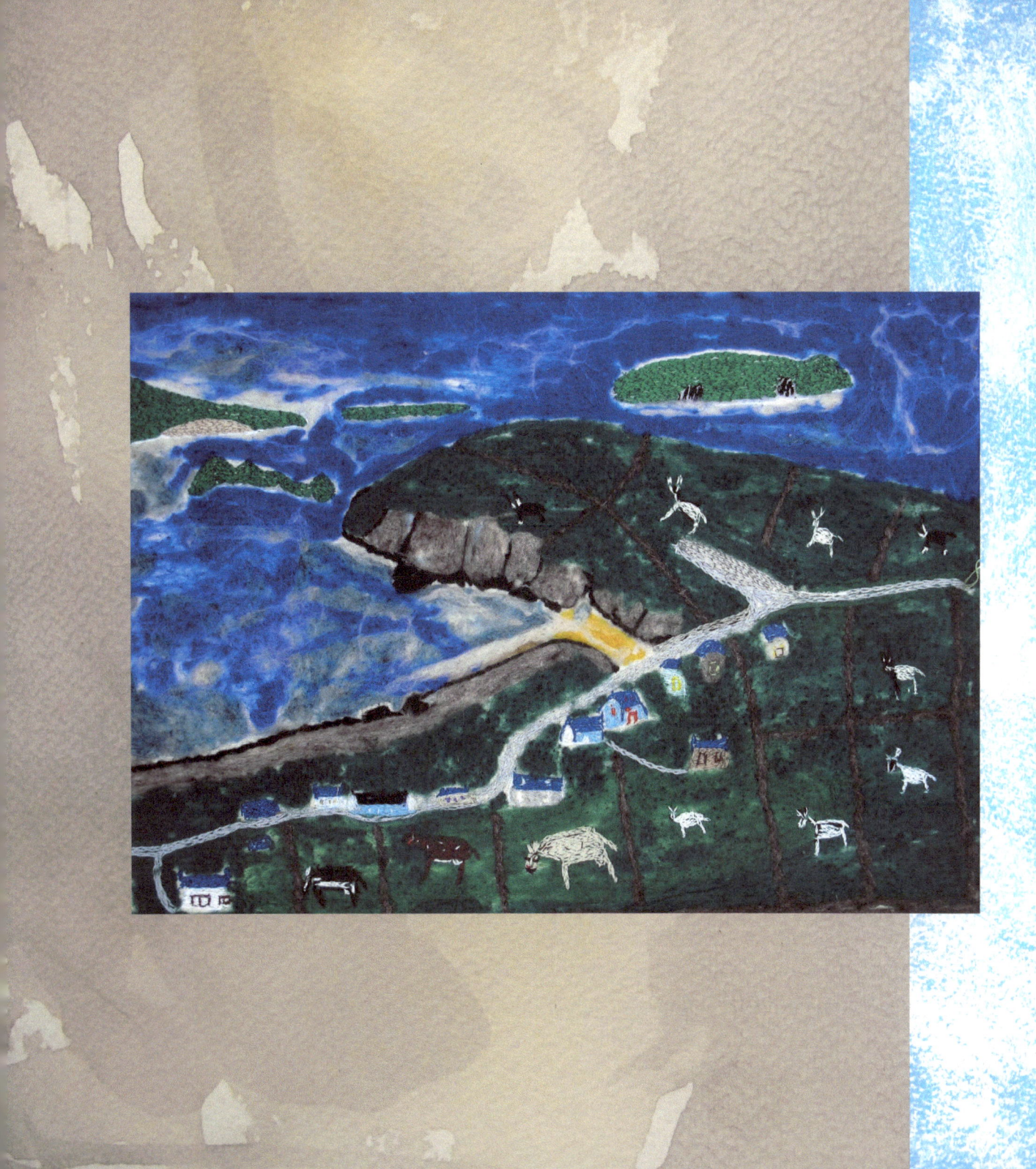

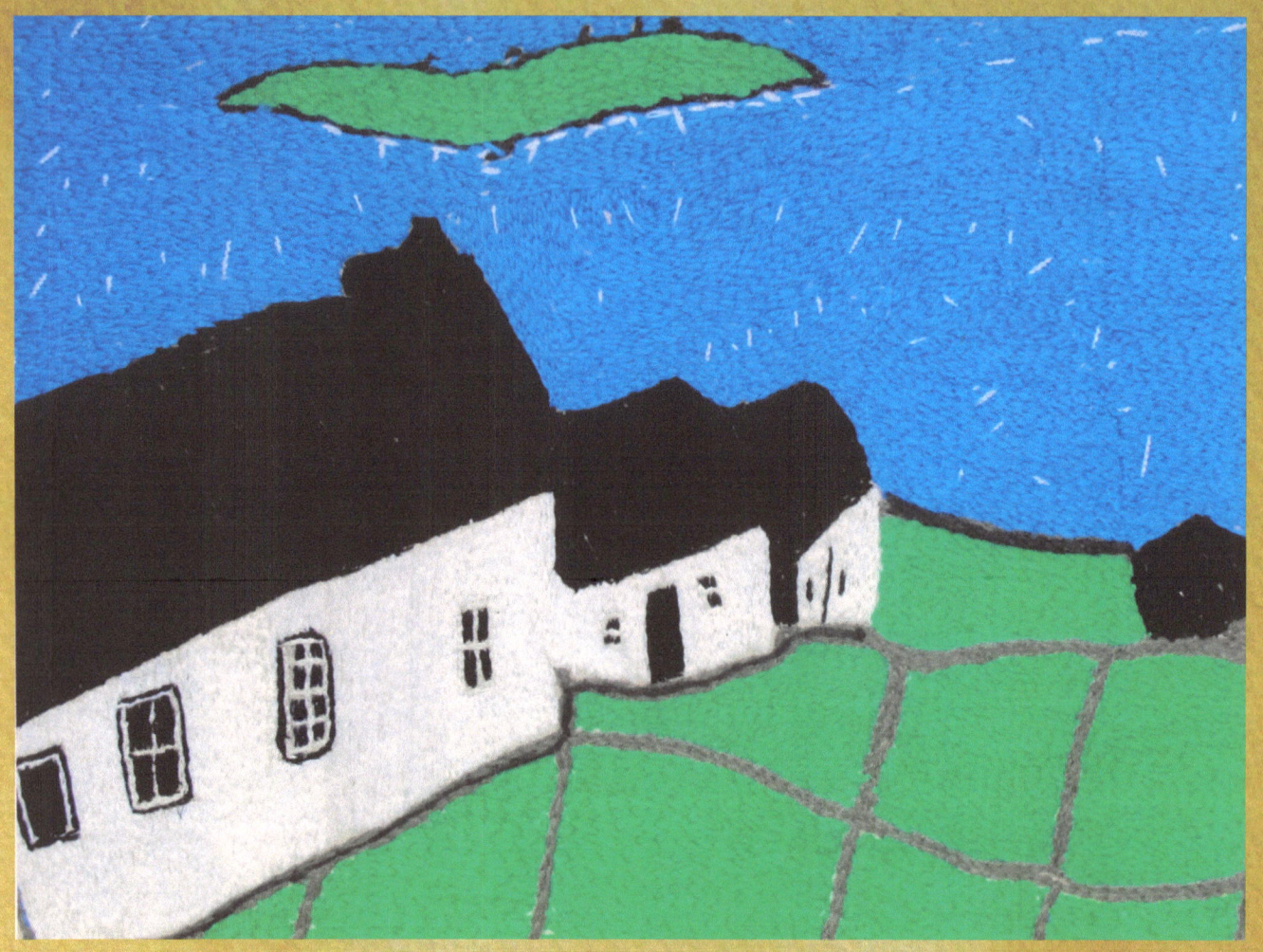

Nuair a bhíos ag éirí suas do bhínnse in aonacht le mo mháthair críonna
- sin é anois Tigh Ceann Sléibhe -
ansan a bhí mo sheana mháthair, dhá áintín agus uncail.
Do bhínn ansan ag obair ina teannta sin.
Bhíodh stróinseirí acu in Tigh Slea Head an uair sin
- Cearbhall O Dálaigh duine acu agus Seán MacPiarais, Delargy -
iad san go léir a bhíodh ann ag foghlaim Gaolainn.
Bhímís suite amuigh ag caint ar an gclaí, sin a bhí uathu.
Gaolainn ar fad a bhí againn an uair sin.

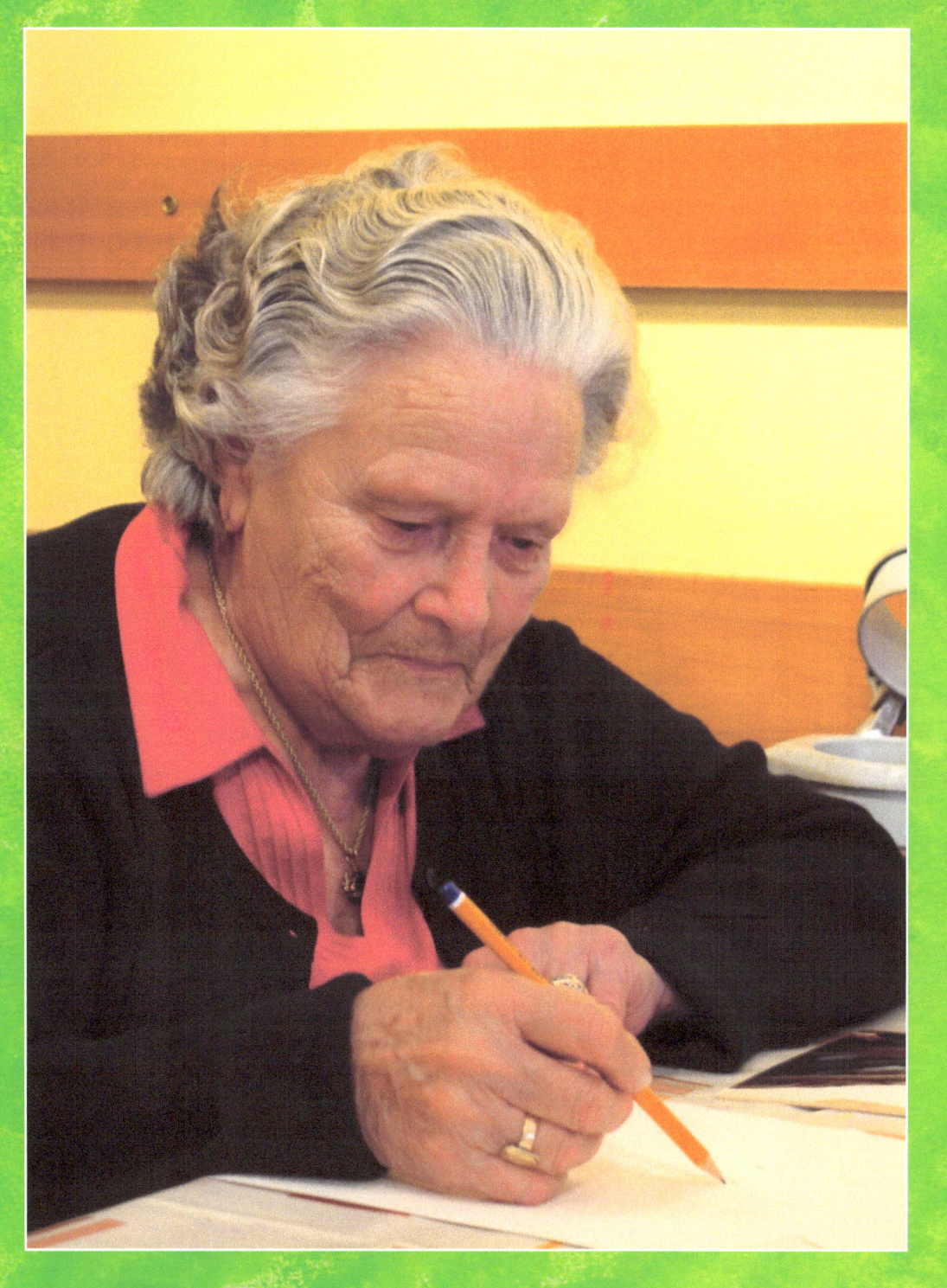

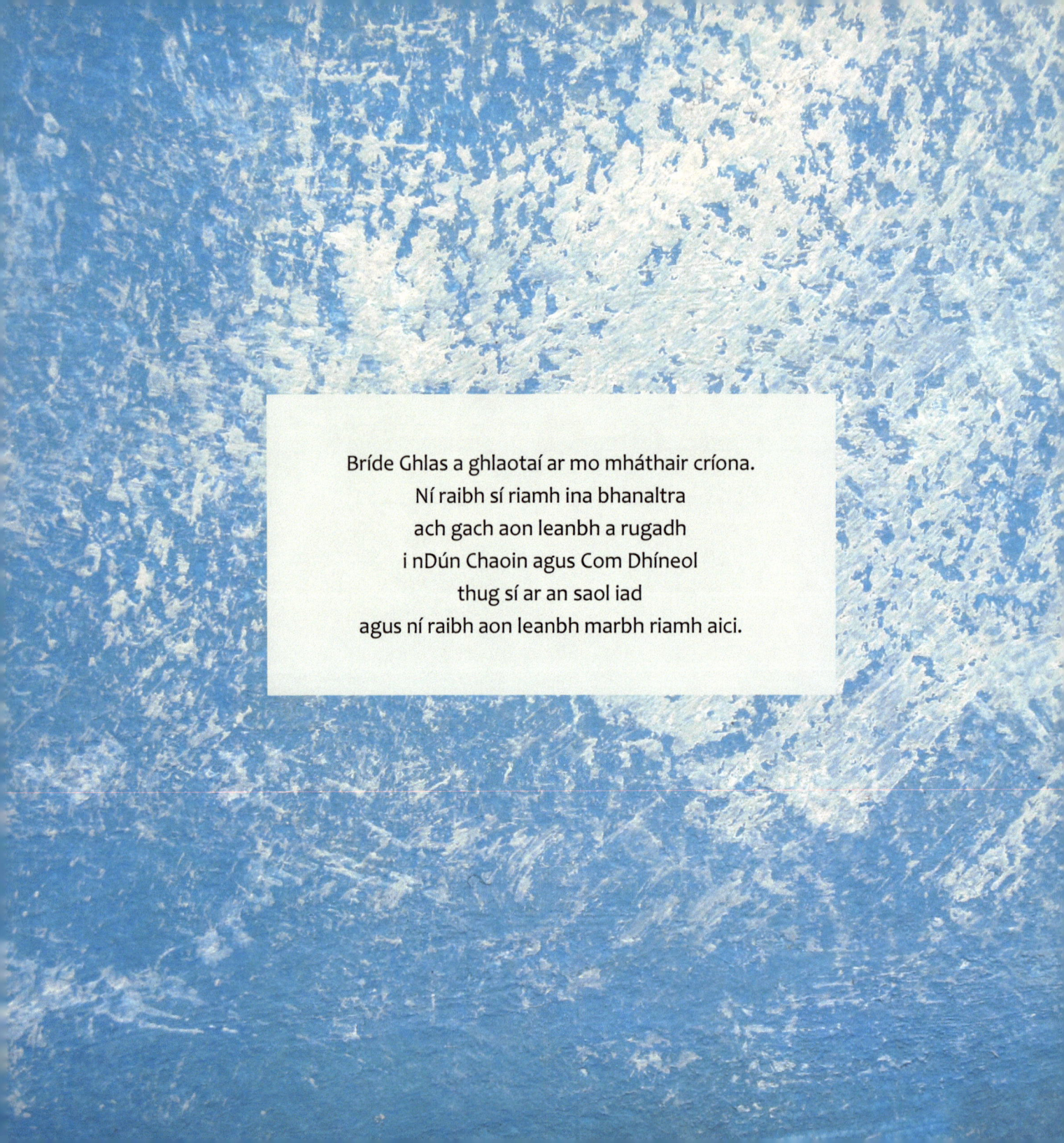

Bríde Ghlas a ghlaotaí ar mo mháthair críona.
Ní raibh sí riamh ina bhanaltra
ach gach aon leanbh a rugadh
i nDún Chaoin agus Com Dhíneol
thug sí ar an saol iad
agus ní raibh aon leanbh marbh riamh aici.

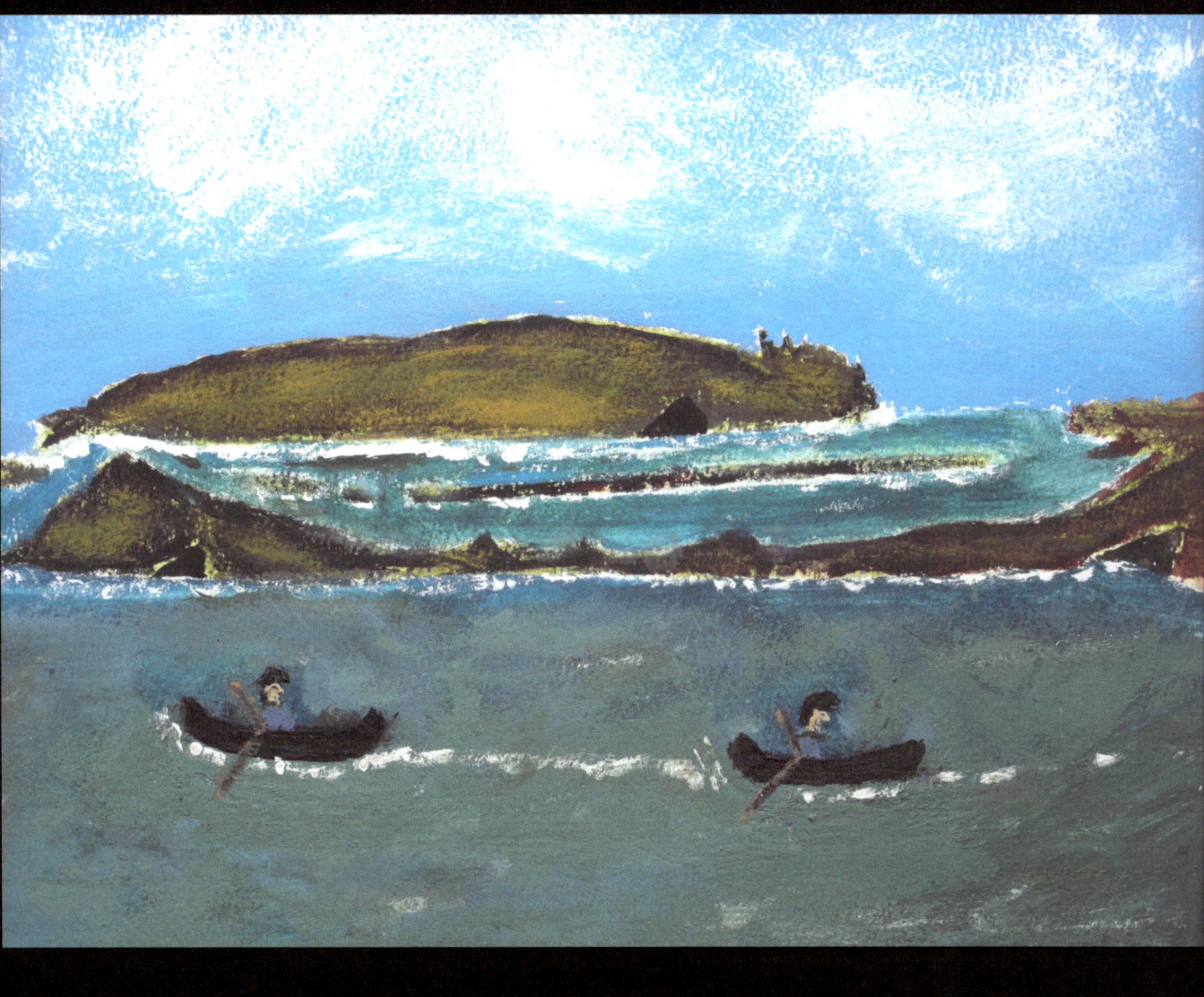

Ní raibh aon teilifís san am sin ná radio ach oiread.
Bhídís go léir in aon tigh amháin, mo mháthair críonna agus na sean daoine agus na seana mná ar fad,
ag caint mar gheall ar púcaí agus gach aon rud eile.

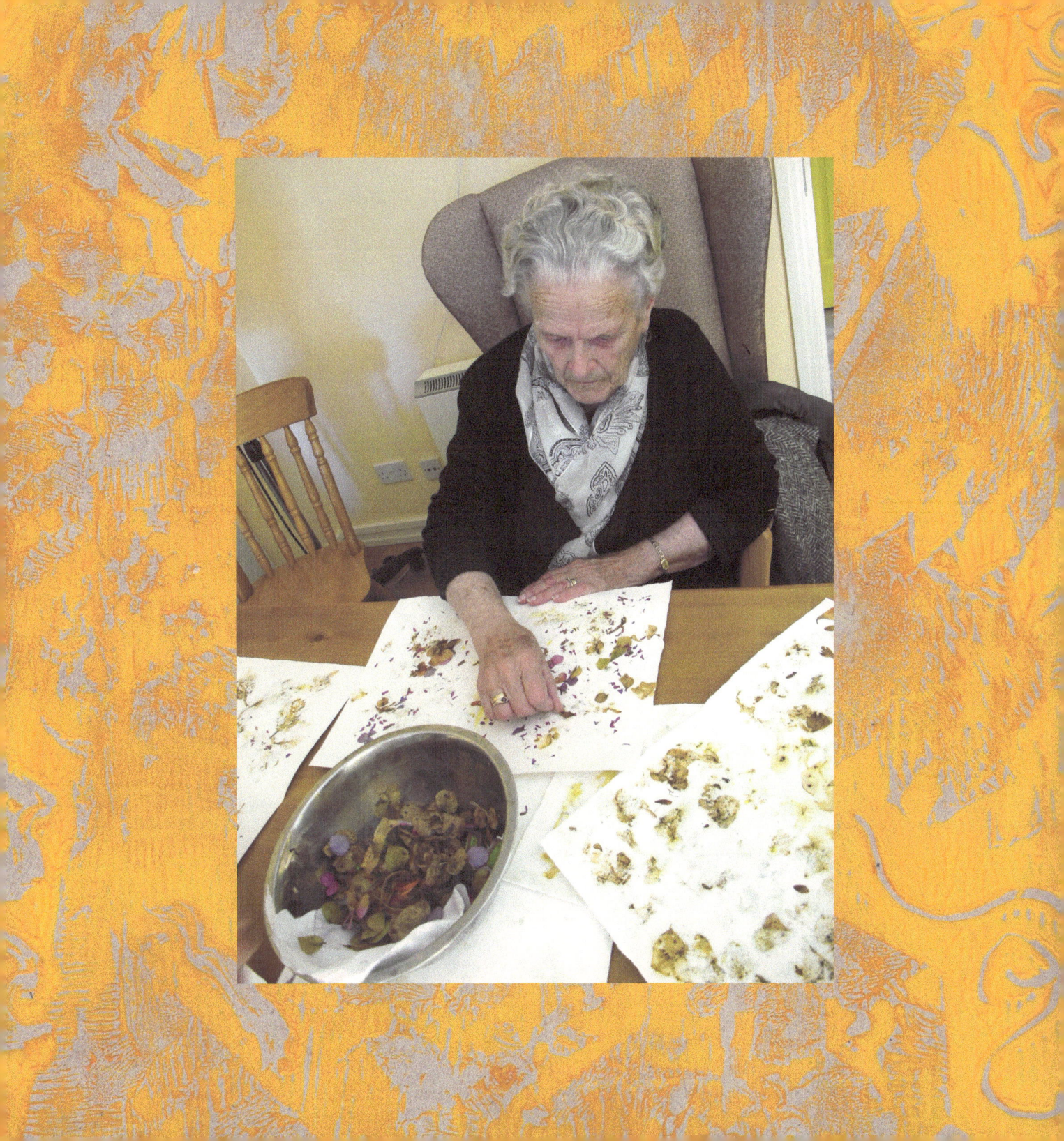

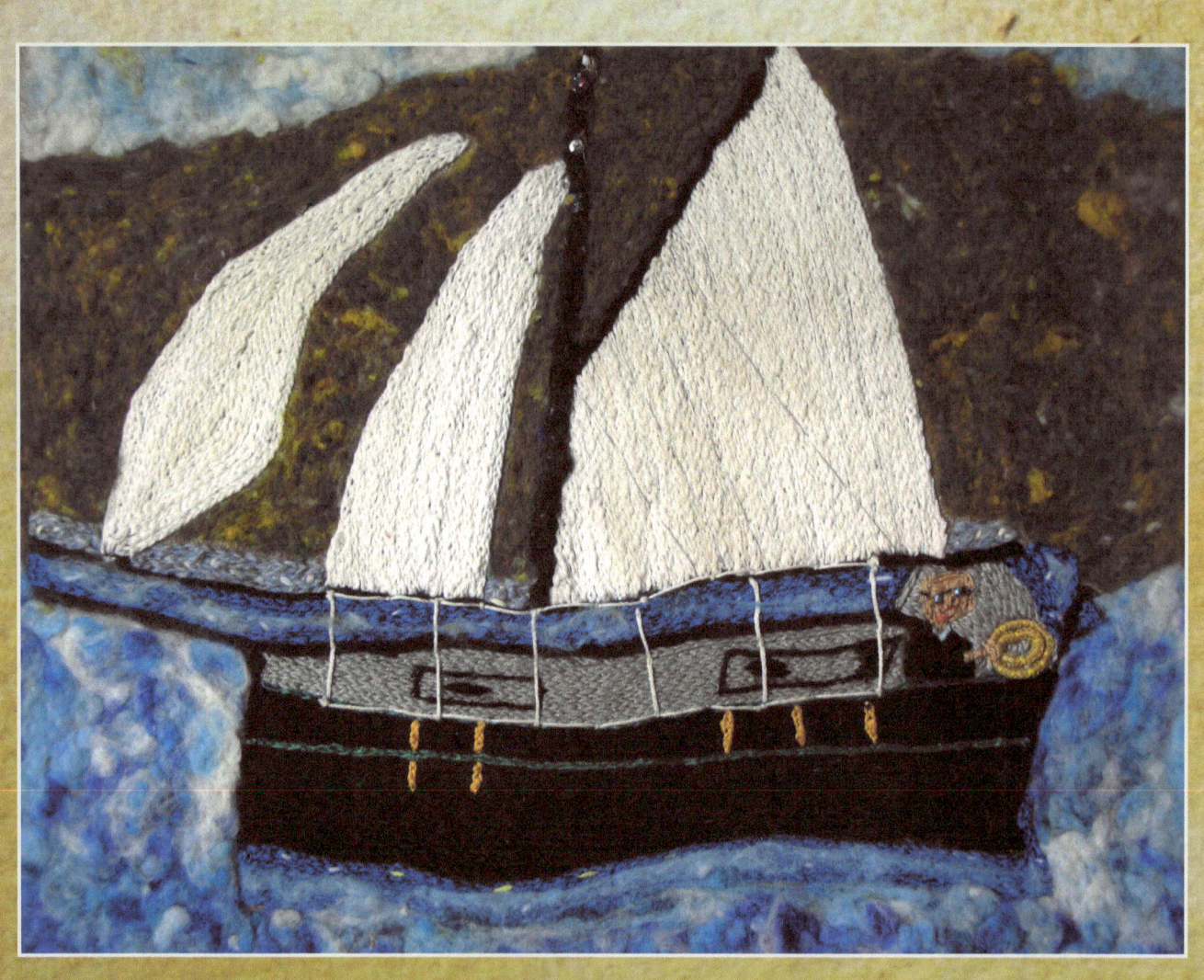

Chuas go dtí an scoil anseo sa Daingean
agus chuas ansan go Sasana ag banaltracht go dtí 1944.
 Do théadh na mná rialta timpeall ag lorg cailíní a théighfadh
ag banaltracht i Sasana.

An Dara Chogadh Domhanda a bhí ar siúl an uair sin
agus gheobhaimís scata garsúin ón bhFrainc
agus an áit sin a bhí breoite agus briste agus brúite.

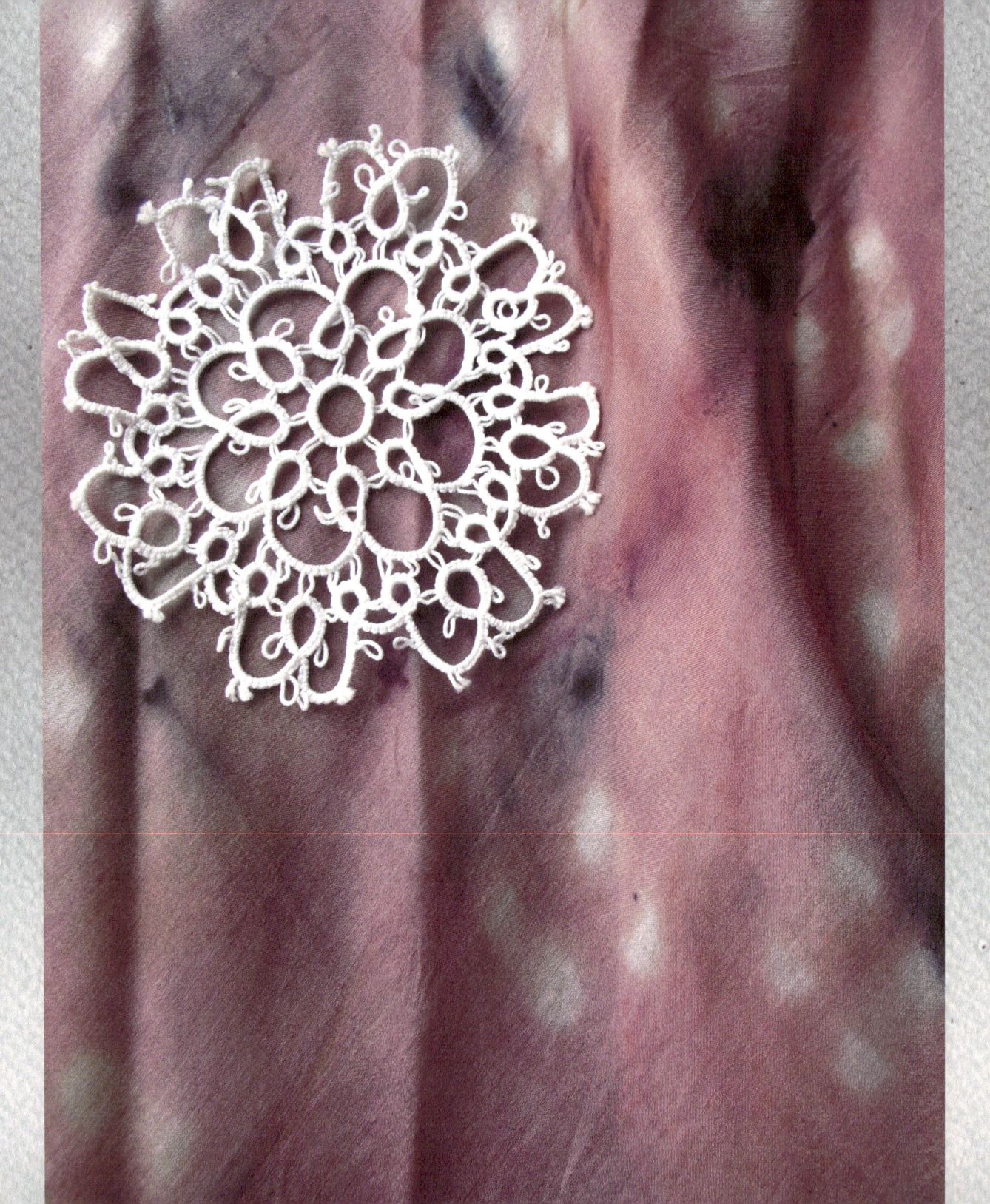

Tháinig tharnais go hEirinn i 1984.
Bhí mé ag déanamh mo chuid éadaigh féin.
Dhéanfadh mo mháthair é romham;
bhí sé againn is dócha uaithi sin.
Dhéanfadh sí sin éadaí dúinn go léir,
dos na buachaillí agus na cailíní
agus dhéanfainnse an rud céanna.

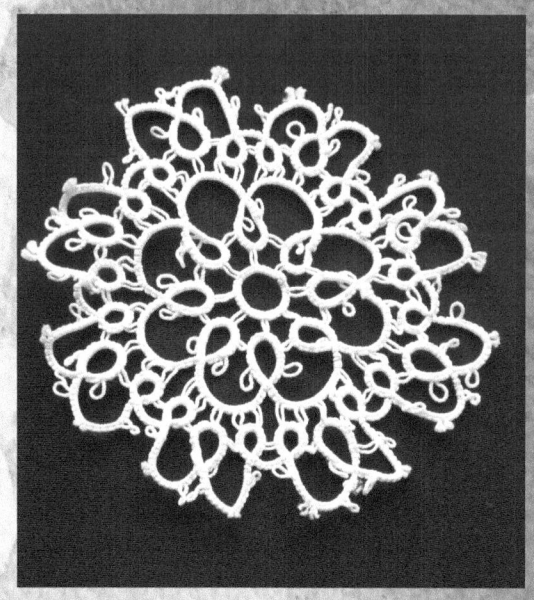

Scéim Bhéaloideas Na Scol 1937-38
Bailithe ag Bríd ó Bhríd Bean Uí Dhalaigh
aois 68 go Leith, an Coum, Dún Chuínn

Cúram na gCos   4 - 3 - 1938
Ní bhíodh aon bhróg ar na daoine fadó go dtí go mbíodh
siad ag pósadh. Do bhídís níos mó ná a fiche blian go
maith nuair a chaithidís bróga. Ní mar sin dóibh anois
bíonn bróga ortha sar a mbíonn siad blian d'aois.
Caitheann na leanaí beaga atá annsa sa cheanntar seo na
bróga dóibh ins an t-samhradh.

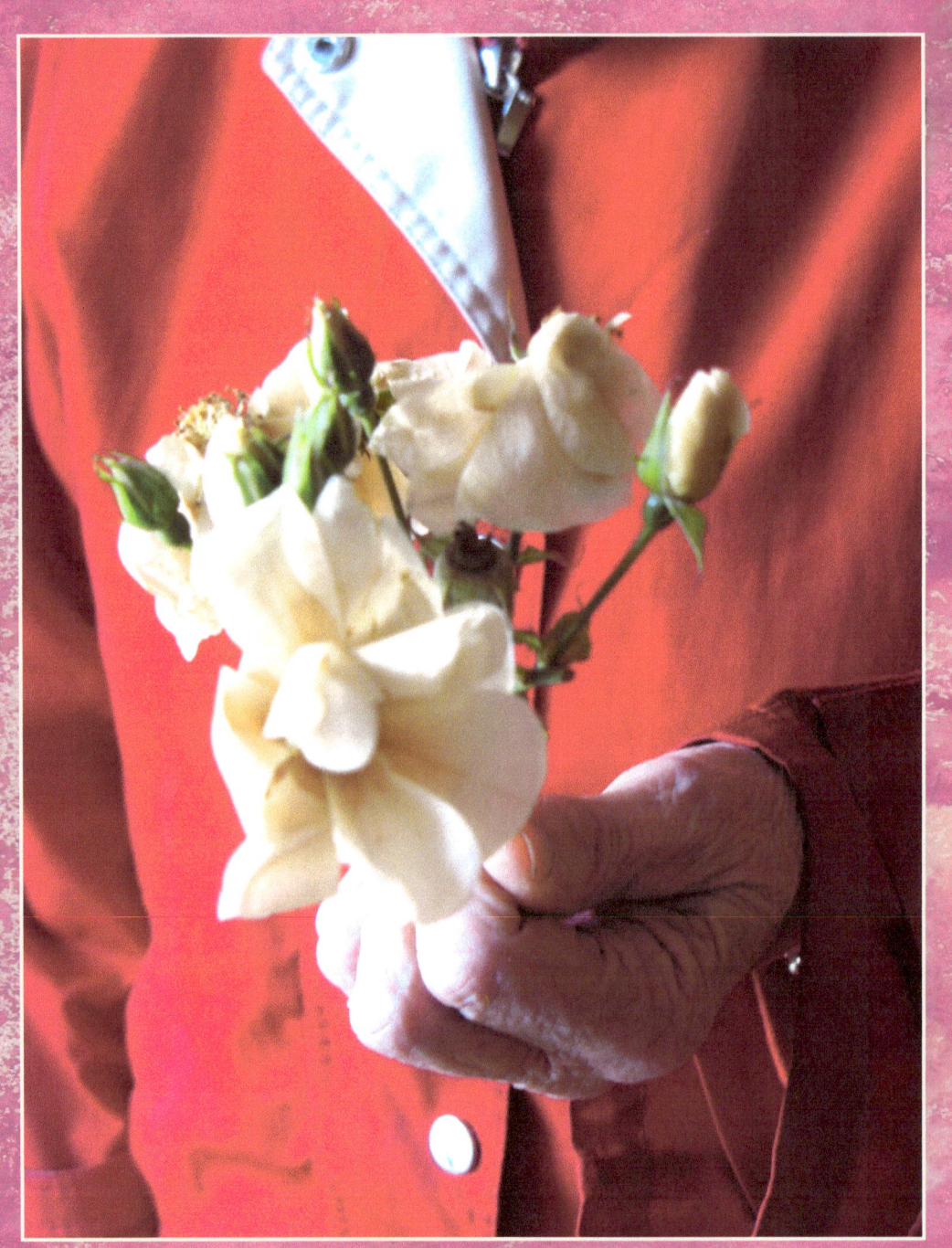

Agus dhéanfainn é do chailíní
do bhíodh ag pósadh,
dhéanas gúnaí dhóibh go léir.

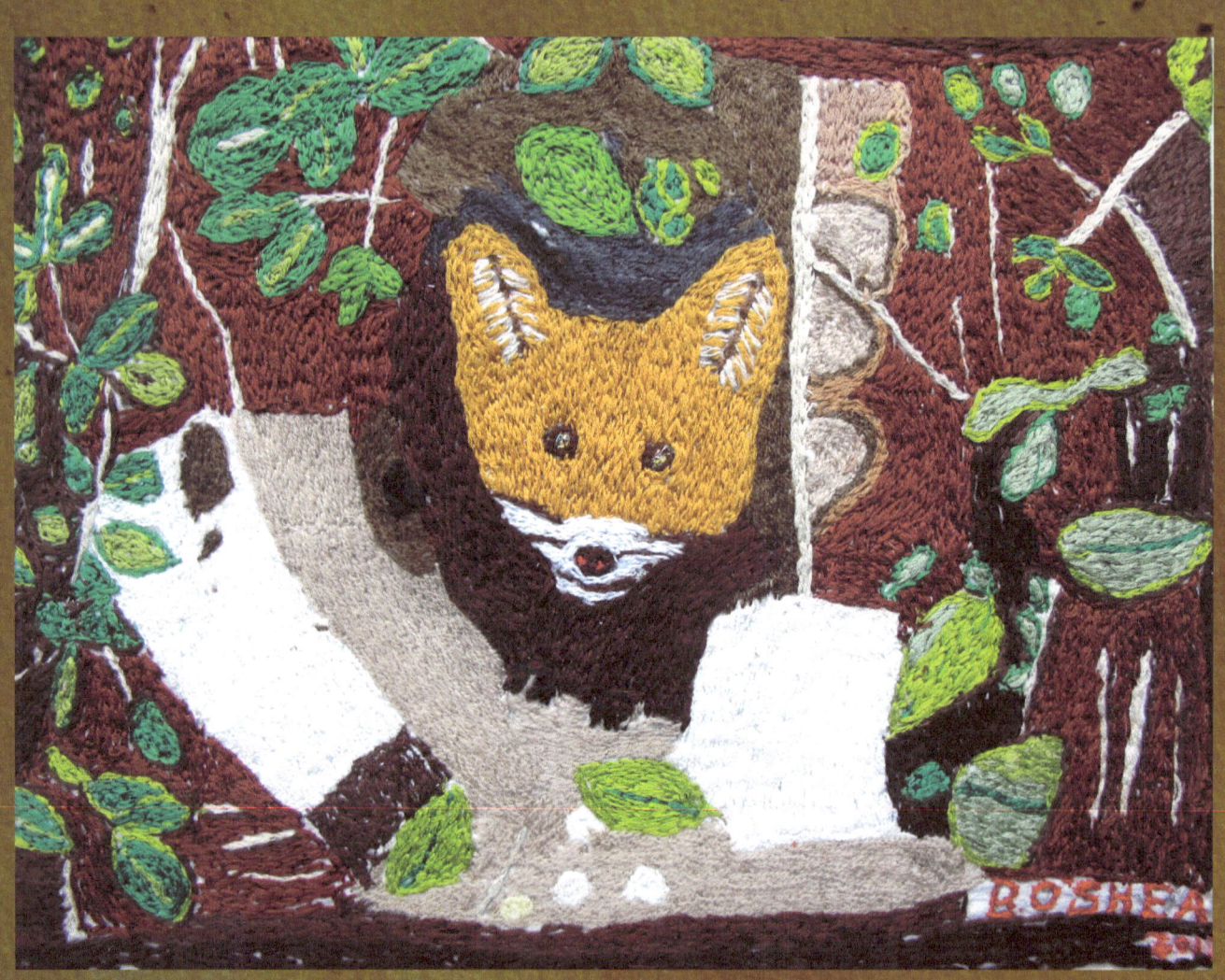

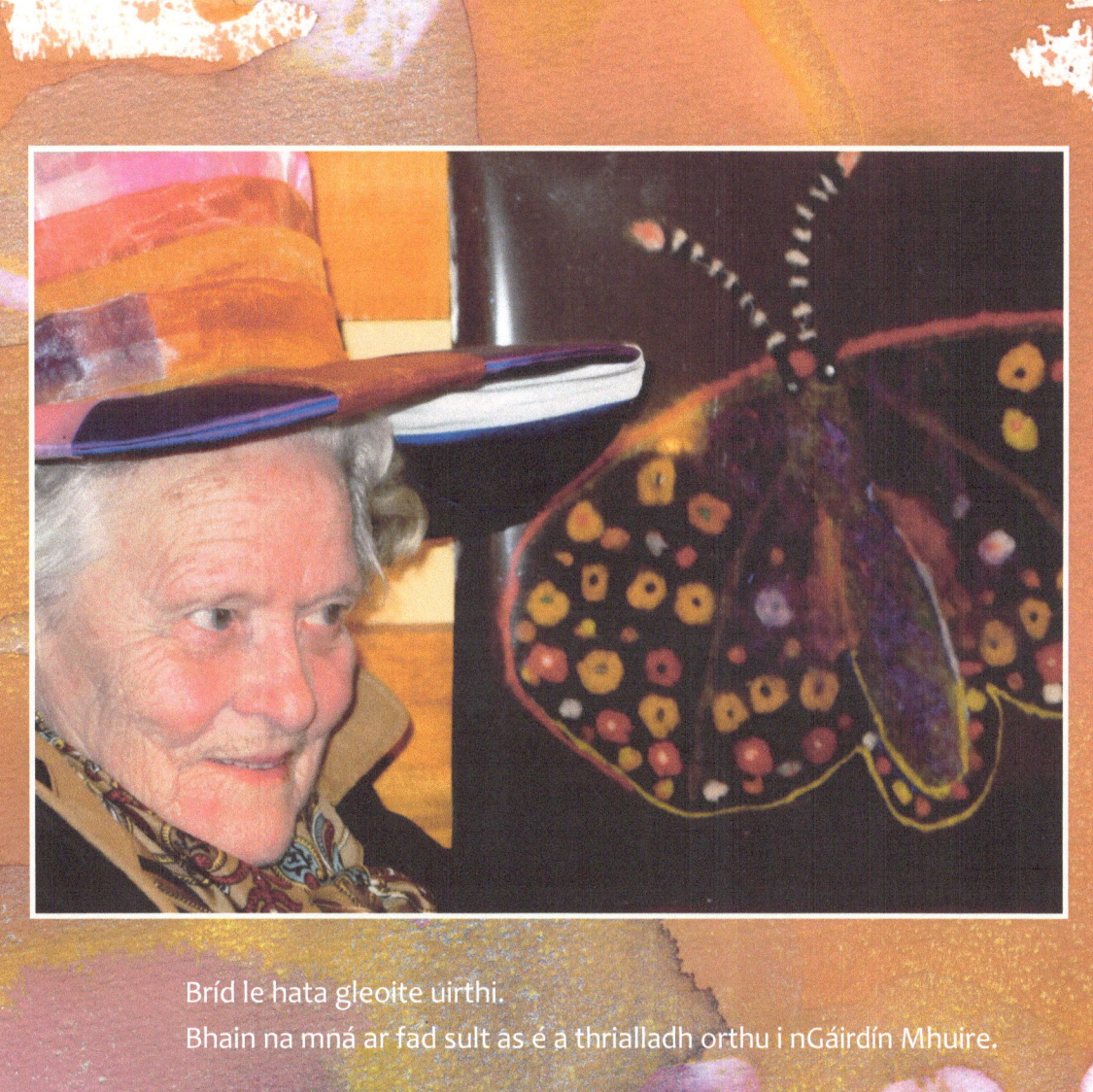

Bríd le hata gleoite uirthi.
Bhain na mná ar fad sult as é a thrialladh orthu i nGáirdín Mhuire.

Scéim Bhéaloideas Na Scol 1937-38

Bailithe ag Bríd ó Bhríd Bean Uí Dhalaigh
Bia na Sean Aimsire   5 - 4 - 38

Ní bhíodh ach dhá bhéile ag na daoine fadó. Ar maidin, agus um thráthnóna. Do théidís ag obair roimh bricfeast ar maidin. Ba gnáthach leo gur prátaí a bhíodh acu go minic. Agus uaireanta eile braon bainne géir, agus císte tanaí nú leite mine buí, ag a thuilleadh acu. Is i lár an tinteáin do bhíodh an bórd acu agus ins an am úd fadó do bhíodh na capaill is na ba istigh sa tigh acu mar ná raibh a mhalairt de sheomraí acu agus nuair a bhíodh an béile ite acu do chuiridís an bórd in áirde ar an gcúl-lochta ..... le h-eagla go mbrisfeadh an capall nú an bó é.

Is é an feoil a bhíodh acu fadó nú gabhain, brucc, éanlaithe agus róin agus gach rud mar sin. Mugaí agus spionóga ...... do bhíodh acu fadó ag ól an bainne agus an uisce, agus deirtear go gcaithidís dul go Trá Lí ag triall orthu, agus go gcaithidis siúl ann agus teacht as ar an oiche chéanna.

Do dheinidís cístí eile leis fadó le prátaí beirithe. Nuair a bhíodh na prátaí beirithe do chuiridís .... gráinne mine agus braon bainne géir tré na chéile agus do chuiridís ag beiriú iad san oighean.

Fuaireas iad seo ó Bhrighid Bean Uí Dhálaigh aos 68 go leith, an Coum, Dún Chuínn
Bríd Ní Shéaghdha

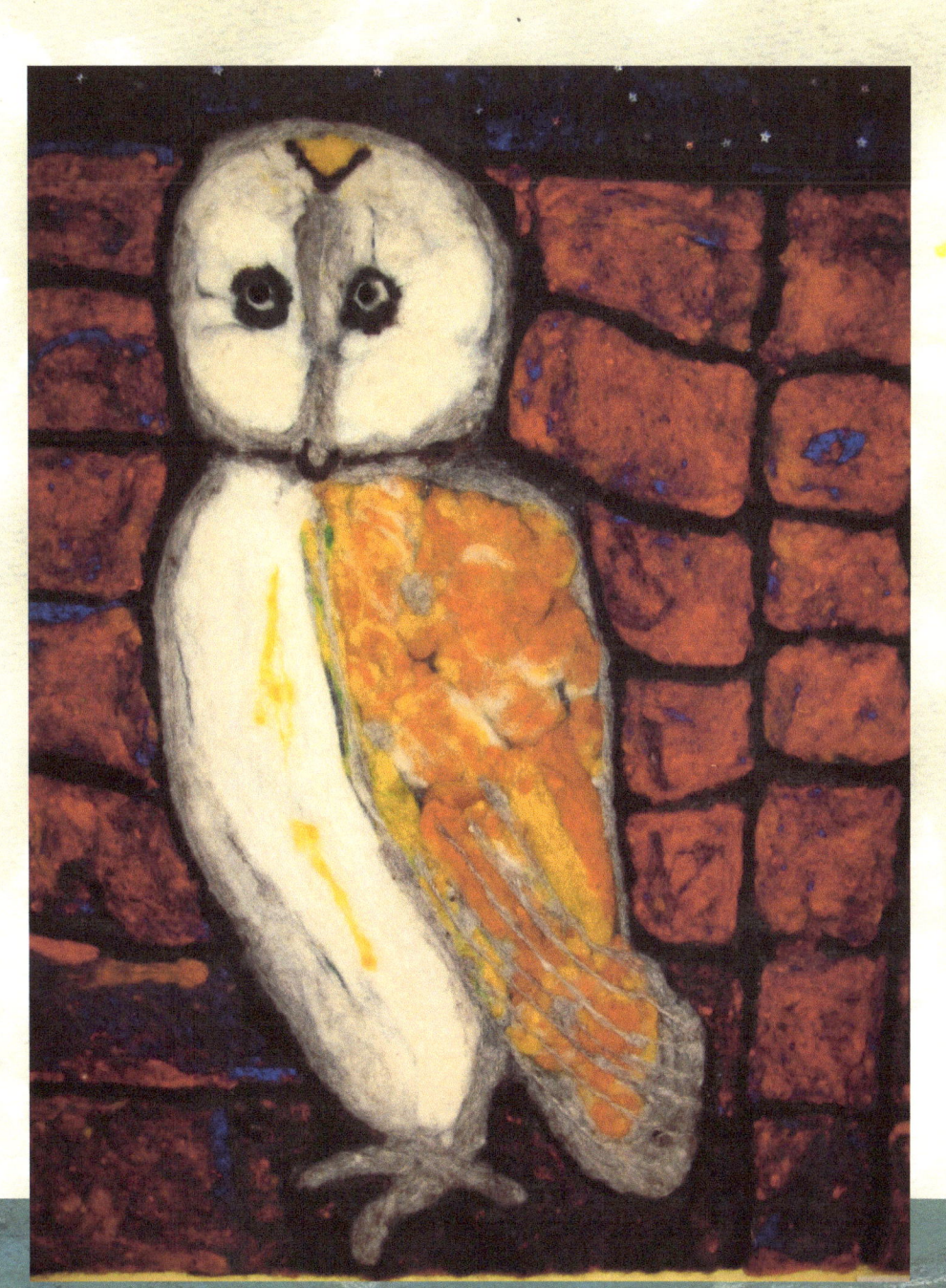

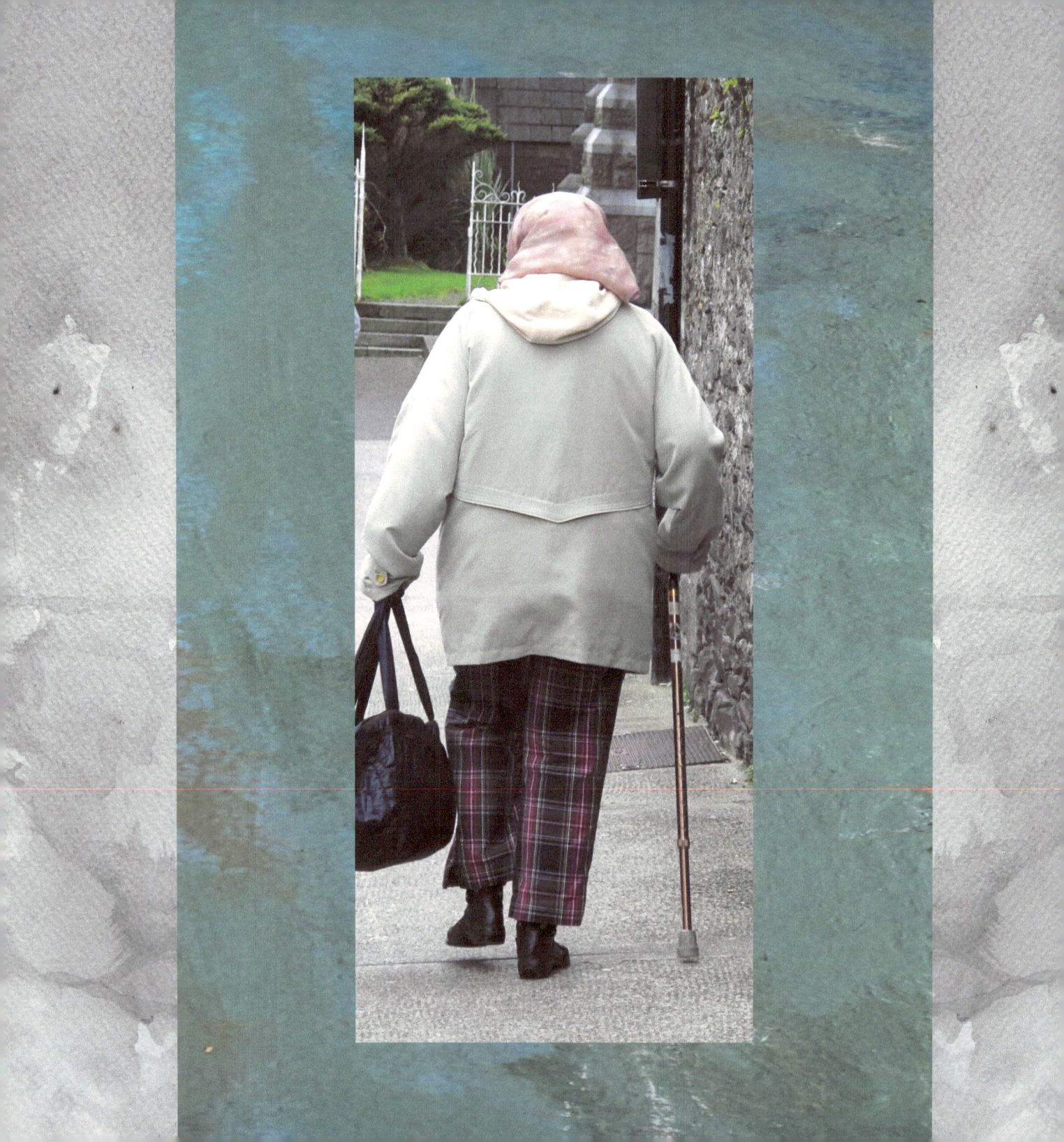

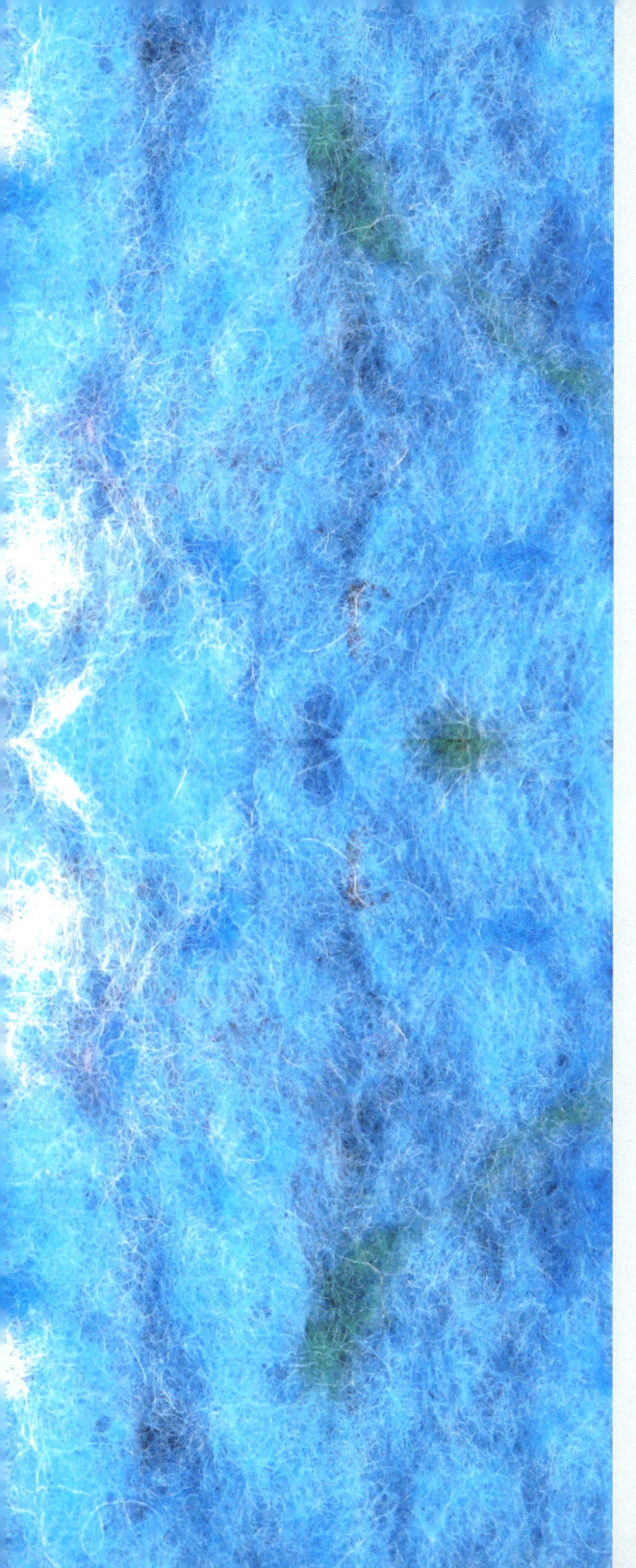

Buíochas

Táimíd buíoch do ghach éinne a chabhraigh linn an imleabhar seo, cuid don sraith 'Bealaí Ealaíona' a chuir le chéile go speisialta:

An foireaṇn in Ionad Lae Ghairdín Mhuire;

Ealaín na Gaeltachta a thugann tacaíocht do tograí ealaíona i nGairdín Mhuire;

Oifig Ealaíona Chomhairle Contae Chiarraí;

Bord Oideachais agus Oiliúna Chiarraí;

agus Bríd Ní Shéaghdha.

Go raibh míle maith agaibh!

www.ingramcontent.com/pod-product-compliance
Lightning Source LLC
Chambersburg PA
CBHW040756200526
45159CB00026B/2896